해상왕국 고려를 세운
왕건과 무적함대

글 최향미 | 그림 양정아

후삼국을 통일한 고려 태조 왕건의 무덤. 경기도 개성시.(시몽포토)

전쟁이 끊이질 않았던 후삼국 시대.

천하 통일의 꿈을 간직한 두 사람이 있었으니,

그들은 바로 고려 태조 왕건과 후백제의 왕 견훤이었다.

견훤은 끈질기게 고려를 괴롭혔다.

한동안 크나큰 위기에 몰렸던 왕건은

마침내 후백제를 무너뜨리고 삼국 통일의 꿈을 이룬다.

왕건은 어떻게 삼국 통일의 꿈을 이룰 수 있었을까?

차례

극기 훈련 · 6

죽을 고비를 넘기다 · 12

 고려 수군이 무너지다 · 22

유금필 장군을 찾아가다 · 33

고려 수군을 다시 일으키다 · 42

마침내 삼국을 통일하다 · 52

누가 속삭여 주었을까? · 60
왕건, 해상왕국의 꿈을 이루다! · 62

극기 훈련

이곳은 실미도.
"목소리 봐라! 구령은 우렁차게, 동작은 빠르게!"
나는 5학년 4반 심규성, 지금 해병대 극기 훈련 중이다.
"심규성, 제대로 못하나!"
오늘로 사흘째, 지옥이 따로 없었다.
"발 봐라, 발. 너 혼자 왼발이 먼저 나갔잖아!"
"잘못했습니다. 악!"
이곳에서 대답은 '네' 대신 '악'이었다. '악'은 악착같이 훈련을 받겠다는 뜻이다.
"심규성, 또 틀렸다. 할 수 없다. 왕건 팀, 모두 제자리에 서!"
교관의 호령이 떨어지기 무섭게 따가운 눈총들이 내게로 쏟아졌다.
"팀은 일심동체다. 한 사람의 잘못은 팀 전체의 잘못이다. 다들 알고 있겠지?"
"악!"
"지금부터 왕건 팀은 갯벌로 들어가 제자리 뛰기 이백 번 실시한다!"
"악!"
개펄에서 제자리 뛰기가 얼마나 힘든지 안 해 본 사람은 모른다. 개펄의 질퍽질퍽한 진흙이 찰거머리처럼 발에 달라붙어서 뛰려면 그야말로 엄두가 안 난다.

"서른하나, 서른둘……."

겨우 서른 번을 넘겼는데 다리가 후들후들 떨려 금방이라도 쓰러질 것만 같다. 가까스로 백 번을 넘기자 하나 둘씩 쓰러졌다. 물론 나도 마찬가지였다. 하지만 여기서 포기하면 더 힘든 얼차려가 기다리고 있었다. 그래서 우린 죽을힘을 다해 다시 일어나 제자리 뛰기를 했다.

"이백!"

마침내 벌을 다 받았다.

"모두 잘했다. 오늘 훈련은 여기서 끝이다. 내일은 해병대 극기 훈련에서 가장 중요한 고무보트 훈련이다. 그 훈련만 잘 끝내면 너희는 힘과 끈기 그리고 자신감을 갖게 될 것이다. 모두 다 잘할 수 있겠지?"

"악!"

숙소로 돌아가는 길, 몸도 마음도 무겁기가 그지없었다. 동무들을 볼 면목도 없었다. 내가 가장 좋아하는 수진이가 날 우습게볼까 봐 더 괴로웠다.

"너, 무슨 죄졌어? 왜 자꾸 애들 눈치를 봐?"

수진이가 그런 나를 바라보며 말했다.

"으응. 나 때문에 다들 고생하는 것 같아 미안해서."

"바보같이. 그런 생각 마. 내일 잘하면 되잖아. 자신 있지?"
"응. 내일은 진짜 잘할게. 고마워, 수진아."
"흥! 잘도 하겠다. 내일도 보나마나 너 때문에 질 게 뻔해."
 견훤 팀의 준호가 빈정거리면서 말했다. 5학년 4반인 우리는 왕건과 견훤 두 팀으로 나뉘어서 해병대 극기 훈련을 받고 있다. 그런데 우리 왕건 팀은 나 때문에 견훤 팀한테 번번이 지고 말았다.
 '얄미운 준호 녀석. 내일은 반드시 이겨서 코를 납작하게 해 줘야지.'
 드디어 새 날이 밝았다.
"왕건 팀과 견훤 팀, 구명조끼는 입었나?"
"악!"
"지금부터 내 말을 잘 들어라. 고무보트 훈련은 해병대 훈련 가운데서도 가장 힘든 훈련이다. 팀마다 열다섯씩 일치단결해서 이 고무보트를 머리에 이고 바닷가로 나른다. 그런 다음 고무보트를 타고 노를 저어 저기 표시되어 있는 곳까지 갔다가 돌아오면 된다. 자, 다들 준비됐나?"
"악!"
"그럼 이제부터 시작!"

 우리 팀은 힘을 내 고무보트를 들었지만 너무 무거워 머리 위로 들어 올릴 수가 없었다. 그런데 견훤 팀은 한 번만에 고무보트를 머리 위로 번쩍 들어 올리는 것이었다. 그 모습을 보고 우리도 다시 힘을 내 겨우 고무보트를 머리 위로 들어 올릴 수 있었다. 고무보트를 머리 위로 들어 올리기만 하면 쉬울 거라고 생각했는데, 무게가 엄청나 두 팔과 두 다리가 후들거렸다. 힘들어하기는 견훤 팀도 마찬가지였다. 우리 팀은 일심동체가 되어 한 발 한 발 서로 힘을 모아 마침내 견훤 팀을 앞질러 고무보트를 바다로 옮겼다.
 "야호, 우리가 견훤 팀을 앞질렀다!"
 모두 신이 나서 함성을 질렀다. 그때였다. 갑자기 세찬 바람이 불며 거센 파도가 몰아쳤다. 고무보트가 금방이라도 뒤집어질 듯 흔들렸다.
 "아악, 사람 살려!"
 배가 뒤집히기 일보 직전, 왕건 깃발을 단 배가 우리 고무보트 쪽으로 쏜살같이 다가오는 것이 내 눈에 들어왔다.
 "얘들아, 저기 배가 오고 있어. 저 깃발 단 배 보이지? 우리를 구하러 오나 봐."
 그 말을 하자마자 고무보트가 매우 빠르게 뱅글뱅글 돌더니 소용돌이 속으로 쑥 빨려 들어갔다.

이곳은 태조 왕건의 은혜와 덕을 기려 지은 개태사예요.

충남 논산시 연산면 천호산 자락에 개태사라는 절이 있어요. 왕건은 이곳에서 견훤의 아들 신검을 무찌르고 마침내 삼국 통일의 꿈을 이루었습니다. 이를 기려 절을 짓고 태평성대를 연다는 뜻으로 이름을 개태사라 붙였습니다. (시몽포토)

죽을 고비를 넘기다

"폐하, 후백제의 견훤이 신라의 수도 서라벌을 공격하여 쑥대밭을 만들어 놓았다고 합니다."

조정 회의를 하고 있던 왕건과 대신들은 전령이 전해 준 소식에 깜짝 놀랐다.

"아니, 그게 무슨 소리란 말이냐? 우리가 자그마치 일만의 군사를 보낸 게 며칠밖에 안 됐거늘……."

"그런 게 아니라, 우리 군사가 한 발 늦게 다다랐다고 합니다. 군사들이 서라벌에 들어갔을 땐 견훤과 후백제군은 벌써 떠난 뒤였고, 서라벌은 말 그대로 아비규환이었다고 합니다."

"허허, 자세히 말해 보아라."

"궁궐을 들이친 견훤은 군사들한테 신라의 경애왕을 잡아들이게 하여 스스로 목숨을 끊게 하고, 이어서 왕비와 궁녀들도 끔찍하게 죽였다고 합니다. 그뿐만 아니라 군사들을 풀어 서라벌 곳곳을 휘젓고 다니며 닥치는 대로 불을 지르고 재물을 빼앗았다고 합니다."

"저런, 죽일 놈들 같으니라고!"

왕건은 전령의 말에 눈을 부라리며 소리쳤다.

"그러고 난 뒤 견훤은 죽은 경애왕의 외사촌인 김부를 왕으로 세우고, 왕실의 친인척과 대신들은 물론 솜씨 좋은 장인들을 모조리 포로로 붙잡아 갔다고 합니다."

왕건은 억울하고 분해서 참을 수가 없었다.

"얼마 안 있어 경애왕이 스스로 신라를 내놓을 낌새였는데, 참으로 어처구니가 없도다."

왕건은 신라와 평화협정을 맺고 신라가 스스로 무너질 때까지 끈기 있게 기다리고 있던 터였다. 그런데 이를 눈치 챈 견훤이 먼저 서라벌을 들이친 것이다. 그동안 피를 안 흘리고 신라를 손에 넣으려고 왕건이 얼마나 많은 공을 들였는지 잘 알고 있는 대신들은 아무 말도 못하고 그저 고개만 푹 숙이고 있었다. 분을 참지 못하던 왕건은 문득 무슨 생각이 떠올랐는지 전령한테 재촉하듯 물었다.

"여봐라, 견훤이 서라벌을 떠난 지 얼마나 됐느냐?"

"하루도 채 안 됐습니다."

"그래? 그렇다면 후백제의 수도인 완산으로 돌아가려면 며칠 더 걸리겠구나. 서두르면 완산으로 들어가는 길목을 지키고 있다가 후백제군

을 들이칠 수 있겠어. 대신들은 들으시오. 내 몸소 군사들을 이끌고 가 잔인무도한 견훤을 치고 오겠소. 자, 어서 출병을 서두르시오."

느닷없는 출병 명령에 대신들은 어쩔 줄을 몰랐다.

"폐하, 지금 바로 출병하는 건 무리입니다."

왕건은 대신들의 반대를 무릅쓰고 출병을 고집했다.

"또 한 발 늦었다간 이 나라까지 견훤한테 잡아먹히고 말 것이오. 그래도 안 된다는 말만 하고 있을 참이오?"

여느 때 같은 부드럽고 차분하던 왕건의 모습은 찾아볼 수가 없었다. 왕건의 호통에 놀란 대신들은 더는 반대하지 못했다. 그때 유금필 장군이 다시 출병을 반대하고 나섰다.

"폐하, 서라벌을 친 견훤과 그의 군대는 지금 사기가 오를 대로 올라 있습니다. 그러하오니 서둘러 출병할 때가 아닌 줄 아옵니다."

그러자 왕건이 버럭 소리를 지르며 말했다.

"그럼 나더러 어쩌란 말이오?"

"이런 때일수록 오히려 신중해야 합니다. 서둘러 출병을 하다간 자칫 군사들을 죽음으로 내몰게 될 것입니다."

"지금 내가 군사들을 부러 죽음으로 내몰려고 한다는 것이오?"

"폐하, 부디 마음을 가라앉히십시오."

"뭣이? 방자하기가 이를 데 없군. 앞으로 유 장군은 내 앞에 얼씬도 하지 마시오."

그길로 왕건은 오천의 기병을 이끌고 서라벌에서 완산으로 돌아가는 견훤을 쫓았다. 왕건이 이끄는 기병들은 쉴 틈 없이 달리고 또 달렸다.

"자, 여기서 잠깐 쉬어 가기로 하자."

밤낮을 쉬지 않고 달린 왕건은 공산에 이르러 좀 쉬어 가기로 했다. 지친 말을 풀어 물과 풀을 먹이고, 군사들도 주린 배를 채우게 했다.

바로 그때였다. 갑자기 어디서 나타났는지 견훤의 군대가 싸울 준비가 전혀 안 돼 있는 왕건의 군대를 에워쌌다. 왕건의 군대가 공산을 지나갈 것을 미리 알아채고 숨어 있었던 것이다.

"아니, 이럴 수가!"

왕건은 전혀 생각지도 못한 일이라 어찌해야 할 바를 몰랐다. 곧이어 견훤의 진영에서 북과 징이 울리자 화살이 빗발치듯 왕건의 군대 쪽으로 날아왔다.

"윽!"

"아악!"

쏟아지는 화살에 왕건의 군대는 맥없이 쓰러졌다.

"후백제 군사들이여! 지금이야말로 왕건의 목을 칠 절호의 기회다. 누가 먼저 왕건의 목을 가져오겠는가?"

견훤의 말이 떨어지기가 무섭게 후백제 군사들은 한꺼번에 "와!" 하고 함성을 지르며 왕건의 진영으로 내달렸다. 그러자 왕건의 군대는 힘 한번 제대로 못 써 보고 적들한테 에워싸였다.

견훤의 군사들은 너 나 할 것 없이 눈에 불을 켜고 오로지 왕건을 찾는 데만 촉각을 곤두세웠다. 그러자 왕건을 호위하던 대장군 신숭겸이 서둘러 말했다.

"폐하, 어서 갑옷을 벗어 소인한테 주시고 대신 제 갑옷으로 갈아입으십시오. 어서요."

왕건은 얼떨결에 신숭겸이 시키는 대로 했다.

"이제 소인이 폐하의 수레를 타고 나아가겠습니다. 그러면 적들은 소인을 폐하인 줄 알고 쫓아올 것입니다. 그 틈을 타 이곳을 얼른 빠져나가십시오."

그러면서 신숭겸은 왕건이 벗어 준 갑옷으로 서둘러 갈아입었다.

"아니, 그 말은 경이 나 대신 죽겠다는 말이 아니오? 결코 그럴 순 없소. 비겁하게 나만 살겠다고 달아날 순 없소."

왕건이 막무가내로 고집을 부렸다.

"폐하, 이러시면 아니 되옵니다."

신숭겸이 다시 한 번 애가 타는 눈빛으로 말했다.

"대장군의 뜻을 내 모르는 바 아니나 그렇다고 어찌……."

왕건은 차마 말을 잇지 못하고 고개를 떨구었다.

"폐하는 혼자의 몸이 아니라 만백성의 어버이이십니다. 그러니 부디 목숨을 지켜 나중을 생각하십시오."

그러면서 신숭겸은 곧장 적진 속으로 수레를 몰았다.

"저기, 왕건이다!"

신숭겸이 탄 수레 쪽으로 후백제 군사들이 벌떼처럼 몰려들었다. 신숭겸을 왕건으로 잘못 안 후백제 군사들은 서로 먼저 왕건의 목을 베겠다고 아우성이었다. 왕건은 그 틈을 타서 구사일생으로 적들로부터 빠져나갈 수 있었다. 부하들을 죽음으로 몰아넣고 홀로 달아나는 왕건의 두 눈에서는 피눈물이 솟구쳐 흘러내렸다.

역사스페셜박물관

포석정

포석정은 돌로 만든 구불구불한 물길로 신라의 왕과 귀족들은 이곳에 술잔을 띄워 놓고 시를 짓는 놀이를 즐겨 했다고 합니다. 견훤이 후백제군을 이끌고 쳐들어갔을 때에도 신라의 경애왕은 귀족들과 함께 노래와 춤을 즐기고 있었다고 하는군요. 이를 본 견훤은 그 자리에서 왕과 왕비를 비롯해 귀족들과 궁인들까지 모조리 죽여 버렸다고 합니다. (시몽포토)

견훤이 나라 이름을 후백제라고 한 까닭은?

경북 상주시 청계 마을 어귀에는 후백제의 왕인 견훤을 모신 사당이 있습니다. 견훤은 원래 신라의 땅인 경북 상주에서 태어났습니다. 그런데 견훤은 왜 나라 이름을 후백제라고 했을까요? 전해오는 바에 따르면 견훤의 아버지인 아자개가 백제의 마지막 임금인 의자왕의 후손이었다고 해요. 그래서 견훤은 나라의 이름을, 백제를 잇는다는 뜻에서 후백제라고 했답니다. (시몽포토)

왕건 나오라 그래!

견훤은 어떻게 후백제를 세웠을까?

송악의 이름 있는 호족이었던 아버지의 아낌없는 도움으로 군 생활을 장교로 시작한 왕건과는 달리, 견훤은 농부의 아들로 태어나 신라의 일반 병사에서 시작하여 많은 공을 세운 끝에 힘겹게 장교의 자리에 올랐습니다. 하지만 그 뒤로는 상관들이 견훤의 공을 가로채 가는 바람에 더 높은 벼슬에 오르지 못했습니다. 게다가 날로 더해 가는 상관들의 부패와 몹쓸 행동을 더는 참을 수 없어, 자신을 따르는 무리와 함께 반란을 일으켜 옛 백제 땅을 중심으로 자신의 세력을 넓혀 갑니다. 그리하여 892년, 견훤은 후백제를 세워 오늘날의 전주인 완산에 도읍을 정하고 마침내 왕의 자리에 오릅니다.

말풍선: 이놈들, 어서 덤벼!

신숭겸 장군 유적지
왕건을 대신해 이곳에서 싸우다 죽은 신숭겸 장군의 충절을 기려 만든 유적지입니다. 왕건은 신라의 수도인 서라벌을 공격하고 돌아가는 후백제군을 서둘러 뒤쫓다가, 이를 눈치 챈 후백제군들한테 오히려 공산(오늘날의 팔공산)에서 포위를 당하고 맙니다. 이때 신숭겸 장군은 왕건과 옷을 바꿔 입고 후백제군을 꾄 뒤 용감히 싸우다 죽습니다. 그 틈에 왕건은 달아나 가까스로 목숨을 구할 수 있었지요. 대구광역시.(시몽포토)

신숭겸 장군의 무덤이 세 개인 까닭
왕건은 자기 잘못으로 신숭겸 장군이 죽자 무척 슬퍼했습니다. 그래서 그는 신숭겸 장군이 싸우다 죽은 공산까지 다시 가서 그의 주검을 찾았습니다. 그런데 신숭겸 장군의 주검에는 목이 떨어져 나가고 없었습니다. 후백제군이 왕건인 줄 잘못 알고 목을 베어 간 것이지요. 왕건은 신숭겸의 공을 기려 순금으로 머리를 만들게 한 뒤 그의 장례를 화려하게 치러 주었습니다. 하지만 왕건은 순금으로 만든 머리를 몰래 파 갈까 두려워, 진짜 주검이 어디에 있는지 모르게 무덤을 세 개나 만들게 했다는군요. 신숭겸 장군에 대한 왕건의 마음이 어떠했는지 엿볼 수 있겠지요?(시몽포토)

고려 수군이 무너지다

"으, 으음, 내가 잘못했소. 아, 안 돼. 아악!"

왕건은 공산 전투에서 혼자 살아온 뒤로 밤마다 견훤이 나타나 신숭겸의 목을 베거나 군사들을 불구덩이에 빠뜨리는 나쁜 꿈에 시달렸다. 식은땀에 흠뻑 젖은 채로 꿈에서 깨어 나면 왕건은 밀려오는 죄책감에 잠을 못 이뤘다.

날이 갈수록 야위어 가는 왕건을 바라보며 대신들의 걱정은 커져만 갔다.

"이제 그만 좀 괴로워하셔도 되시련만."

"어서 자신만만했던 예전의 모습을 되찾으셔야 할 텐데."

"그나저나 후백제의 움직임이 심상치 않은 것 같은데, 이렇게 넋 놓고 있다가 또다시 된통 당하지 않을까 걱정이오."

대신들의 걱정은 곧 현실로 나타났다. 왕건이 신숭겸과 군사 오천을 잃은 충격에서 헤어나지 못하고 있는 사이, 사기가 오를 대로 오른 견훤의 후백제군은 신라의 여러 지역을 하나씩 손아귀에 넣었다. 이어서 고려의 중요한 근거지들도 야금야금 집어삼켰다.

"폐하, 후백제군의 공격으로 대야성이 무너졌습니다. 게다가 견훤이 손수 오천의 군사를 이끌고 의성을 공격했다고 합니다."

후백제의 잇따른 공격에 고려 조정은 갈팡질팡했다.

"폐하, 이 일을 어찌하면 좋습니까?"

"그대들이 알아서 처리하시오."

다른 때 같으면 대신들이 묻기도 전에 출병에 나섰던 왕건이었다. 하지만 왕건은 그 말만 하고 회의장을 빠져나가 버렸다. 왕건의 행동에 대신들은 실망을 금치 못했다.

그날 밤도 어김없이 왕건은 나쁜 꿈에 시달렸다. 이날은 다른 날과 달리 죽은 신숭겸이 나타나 슬피 울며 왕건을 원망했다.

"폐하, 정녕 저와 군사들의 죽음을 헛되이 하시렵니까? 후백제의 견훤한테 그렇게 당하고도 가만히 있는 까닭이 대체 무엇입니까? 견훤과 그의 군대가 그렇게도 두려운 것입니까?"

"그렇소. 나 때문에 또다시 군사들을 어이없이 잃을까 봐 무섭고 두렵단 말이오. 애써 잊으려고 해도 비참하게 죽어 간 군사들의 모습이 눈앞에 어른거려서 미칠 것만 같소이다."

왕건은 낯빛을 일그러뜨리며 힘겹게 말했다.

"소인은 폐하께서 그렇게 약하신 분인 줄 미처 몰랐습니다. 이 한 몸 바쳐 폐하를 구할 수 있어서 하염없이 기뻤거늘, 지금의 폐하를 보니 그저 제 죽음이 원통하고 억울할 뿐입니다."

"이, 이보시오, 대장군!"

왕건은 힘없이 돌아서는 신숭겸을 붙잡으려고 안간힘을 쓰다가 잠에서 깨어났다. 온몸에는 식은땀이 흥건히 젖어 있었다.

"폐하, 소인 억울하여 차마 눈을 감을 수가 없습니다."

왕건의 귓가에는 자신을 원망하며 애타게 부르짖는 신숭겸의 울음소리가 쟁쟁했다.

"내가 더는 이러고 있을 때가 아니다! 나 때문에 목숨을 잃은 신숭겸과 수많은 고려 군사들을 위해서라도 반드시 견훤을 꺾고 삼국 통일의 꿈을 이루고야 말리라!"

그제야 왕건은 두려움에 가득 찼던 그간의 자신을 뼈아프게 반성하면서 마구 눈물을 쏟아 냈다. 그렇게 혼자 한참을 흐느끼고 난 뒤 왕건은 마침내 훌훌 털어 버리고 예전의 모습으로 되돌아왔다.

그 즈음 후백제의 수도 완산에서는 마치 전쟁이 다 끝나기라도 한 듯 온 나라가 잔치 분위기로 들떠 있었다.

"폐하, 고려의 성이 잇따라 무너졌는데도 고려에선 아직 별다른 움직임이 없습니다. 아무래도 왕건 둘레에 무슨 일이 일어난 게 틀림없는 것 같습니다."

대신 하나가 얼굴 가득 웃음을 지으며 말했다.

"공산 전투 뒤로 왕건이 겁쟁이가 됐다는 소문이 사실인가 보군그려. 으하하하."

견훤은 크게 소리 내어 웃으며 대꾸했다.

"헤헤. 그런가 봅니다. 이제 폐하께서 삼국 통일의 꿈을 이루실 날도 멀지 않은 듯합니다."

대신은 더욱 신이 나서 장단을 맞추었다.

"암, 그래야지. 그러려면 고삐를 늦춰서는 안 돼지."

"폐하, 생각하고 계신 좋은 작전이라도 있으신지요?"

"암, 있고말고. 후백제에서 가장 전투력이 뛰어난 함대를 골라 고려의 관문인 예성강으로 쳐들어가게 할 것이야."

견훤은 의미심장한 웃음을 지으며 자신만만하게 말했다.

"예성강이라고 하면 고려의 수도로 들어가는 관문이자 고려의 수군 기지가 있는 곳이 아닙니까? 그렇게 적진 깊숙이 들어갔다가 자칫 낭패를 보게 되지나 않을까요?"

또 다른 대신이 고개를 갸웃거리며 걱정스러운 눈빛으로 말했다.

"전혀 걱정할 필요 없네. 왕이 되기 전 고려의 수군 대장이었던 왕건은 지금도 수군만큼은 손수 지휘를 하지. 그런데 이제 겁쟁이가 된 그가 다스리는 수군이 무슨 힘이 있겠는가? 지금이야말로 고려를 무너뜨릴 절호의 기회야."

"아하, 그렇겠군요!"

견훤의 말에 대신들은 무릎을 쳤다. 그길로 견훤은 고려의 수군 기지를 치려고 한밤중에 함대를 한군데로 모았다.

"군사들은 들어라! 우리는 여태껏 고려 수군한테 번번이 당하기만 했다. 하지만 이제 드디어 그 앙갚음을 할 때가 왔다. 적들이 아무것도 모르고 깊은 잠에 빠져 있을 때 우리 수군이 들이쳐서 적진을 쑥대밭으로 만들 것이다. 알겠느냐?"

"와! 와!"

군사들은 공산 전투에서의 승리로 어느 때보다도 사기가 한껏 올라 있었다.

"자, 공격이다!"

마침내 견훤이 공격 명령을 내렸다. 후백제의 함대는 모두 횃불을 끄고 살며시 적진으로 노를 저어 나갔다. 고려 수군의 근거지인 예성강에 이르렀을 땐, 칠흑같이 어두운 새벽이었다. 마침 하늘에서는 소나기가 내려 노 젓는 소리가 빗소리에 가려졌다. 고려군은 그것도 모르고 깊은 잠에 빠져 있었다.

바로 그때 후백제의 함대에서 불화살 한 발이 날아올랐다. 공격 신호였다. 곧이어 멈춰 있는 고려 배들 위로 기름을 먹인 불화살이 빗발치듯 쏟아졌다. 그러자 삽시간에 둘레는 온통 불바다가 되었다.

"으아악, 불이야, 불! 사람 살려!"

배 안에서 잠을 자다 깬 고려 수군은 혼비백산이 되어 바다로 뛰어내렸다. 뭍에서 자다 깬 고려군도 그저 발만 동동 구른 채 불타는 배들을 지켜봐야만 했다. 고려 진영은 그야말로 아수라장이었다.

"이제 더는 우리를 막아설 수 없다. 적들한테 우리 후백제군의 본때를 보여 줘라!"

"와! 와!"

견훤의 말에 후백제군이 소리 높여 함성을 질렀다. 곧 이어 후백제군은 고려 수군 기지를 모조리 불태우고, 그 불길을 피해 달아나는 고려 군사들을 뒤쫓았다.

쫓아온 후백제군의 칼과 창이 번뜩일 때마다 고려군은 픽픽 쓰러져 갔다. 왕건의 자부심이자 고려의 자랑이었던 수군은 그렇게 어이없이 무너지고 말았다.

후백제 함대가 들쑤셔 놓고 간 예성강의 고려 수군 기지는 끔찍하기 그지없었다. 소식을 듣고 한걸음에 달려온 왕건과 대신들은 그 모습에 할 말을 잃었다. 대신들은 누가 먼저랄 것도 없이 큰 소리로 소리 내어 울었다.

"하룻밤 사이에 어찌 이런 일이! 흑흑흑."

하지만 왕건은 속으로 눈물을 삼키며 굳게 주먹을 쥐었다.

'고려 수군은 기어코 다시 일어설 것이다! 다시 일어나 후백제를 쓰러뜨리고 삼국 통일을 반드시 이루고 말 것이야!'

잔뜩 찌푸린 하늘에서는 왕건의 마음을 읽기라도 한 듯 비가 추적추적 내리고 있었다.

바로 그때 후백제의 수도 완산에서는 승리를 하고 돌아온 후백제군을 맞이하는 잔치가 벌어지고 있었다. 환영 나온 백성들은 미리 준비해 온 꽃가루를 뿌리며 기쁨에 겨워 소리쳤다. 마침내 북소리가 크게 울리자 단상 위로 견훤이 올라섰다.

"와! 와!"

군사들과 백성들이 큰 소리로 맞이하자 견훤은 쩌렁쩌렁한 목소리로 그에 화답했다.

"그동안 고려는 수군의 힘이 아주 셌다. 그런데 이번에 우리 수군이 고려의 수군 기지를 쑥대밭으로 만들고 돌아왔으니, 참으로 기쁘기 그지없도다. 이제 고려를 집어삼키는 것은 시간문제다. 자, 눈앞에 다가온 삼국 통일의 그날을 위해 다시 한 번 힘을 모으자!"

"후백제 만세! 견훤 대왕 만세!"

견훤의 말에 군사들과 백성들은 하늘 높이 소리를 질렀다.

견훤은 고려와 신라 사람들한테는 잔인한 왕으로 알려져 있었지만, 후백제 사람들한테는 살아 있는 신으로 여겨질 만큼 존경을 한 몸에 받고 있었다. 견훤은 그런 백성들의 뜨거운 응원에 힘입어 고려를 점점 막다른 골목으로 몰아세웠다.

역사스페셜박물관

숭의전
경기도 연천군 미산면에 있는 숭의전은 고려 태조인 왕건을 비롯한 여러 임금들과 고려 시대 나라에 공을 세운 공신들의 위패를 모셔 놓고, 그 은덕을 기리며 제사를 지내던 사당이에요. 이곳에 가면 임진왜란 때 불타 없어진 것을 복원한 태조 왕건의 초상화도 볼 수 있어요. (시몽포토)

해군 대장 왕건
왕건은 한때 궁예의 부하였습니다. 그때 그의 벼슬은 백선장군 해군 대장이었어요. 요즘으로 치면 해군 사령관인 셈이지요. 왕건이 그런 벼슬을 얻게 된 것은 그의 집안과 깊은 관계가 있습니다. 왕건의 집안은 대대로 해상 무역으로 재물을 쌓은 송악(오늘날의 개성)의 손꼽히는 해상 호족 세력이었어요. 그런 집안에서 자랐기에 왕건은 바다의 물길을 잘 알았던 것입니다. 고려가 해상왕국으로 이름을 떨칠 수 있었던 것도 바로 그런 왕건의 구실이 컸던 것이지요. 왼쪽은 경기도 연천군 숭덕전에 있는 왕건의 초상화입니다. (시몽포토)

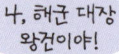
나, 해군 대장 왕건이야!

공산 전투
후삼국 시대인 927년 후백제의 견훤과 고려의 왕건은 기울어 가는 신라를 놓고 큰 싸움을 벌입니다. 그것이 바로 대구 팔공산(왼쪽)에서 벌어진 공산 전투입니다. 견훤이 먼저 신라의 수도 서라벌을 치자, 이에 뒤질세라 왕건은 되돌아가는 후백제군을 치려고 숨어서 길목을 지킵니다. 하지만 이를 눈치 챈 후백제군한테 오히려 크게 지고 말지요. (시몽포토)

유금필 장군을 찾아가다

"유금필 장군은 대체 어디 있는 게요? 한동안 보이질 않으니 유금필 장군한테 무슨 일이라도 생긴 것이오?"

무슨 일이 있었는지 전혀 모르는 듯 왕건이 유금필 장군을 찾자 대신들은 안절부절못했다. 대신들이 우물쭈물하며 대답을 못하자 나이 든 대신인 왕순식이 나서서 바른 대로 말했다.

"유금필 장군은 지난번에 폐하의 공산 전투 출병을 반대하다가 폐하의 노여움을 사는 바람에 그 뒤로 조정 회의에 못 나오고 있습니다."

"아, 그런 일이 있었구려. 그땐 내 정신이 아니었소. 그러니 유금필 장군더러 어서 조정 회의에 나오라고 하시오. 이 위기를 헤쳐 나가려면 반드시 유금필 장군이 있어야 하오."

왕건은 그제야 다시 예전의 모습으로 돌아온 듯 대신들을 바라보며 힘주어 말했다.

"폐하, 유금필 장군은 그날 뒤로 벼슬을 내놓고 스스로 멀리 귀양을 갔습니다."

"아무 죄도 없는 사람이 왜 귀양살이를 한단 말이오? 그래, 지금 유금필 장군은 어디에 있소?"

왕건은 안달이 나서 다그쳤다.

"듣자 하니 서해 바다 맨 끝에 떨어져 있는 섬인 백령도에 가 있다고 하옵니다."

"그래? 그렇다면 내 지금 바로 백령도로 가야겠소. 몸소 가서 유금필 장군한테 그간의 일을 사과하고 곧장 그를 데려와야겠소."

대신들은 백령도로 가는 바닷길은 바람도 세차고 파도가 거세 매우 위험하다며 말렸지만 아무 소용이 없었다. 왕건은 준비가 되는 대로 서둘러 배를 타고 백령도로 갔다. 갖은 어려움을 무릅쓰고 가까스로 백령도에 다다른 왕건과 대신들은 깜짝 놀랐다. 포구의 크기는 조금 작았지만 고려 군함 서너 척이 뽐내듯 서 있었기 때문이다.

"아니, 저건 고려 군함이 아니오! 어떻게 이런 곳에 고려 군함이 있단 말이오?"

왕건은 믿어지지 않는다는 눈으로 말했다.

"그러게 말입니다. 이곳에 군함을 보낸 적이 없는데……."

대신들도 어찌 된 영문인지 모르는 얼굴이었다.

"흐음. 우선 유금필 장군부터 찾아보는 게 좋겠소."

유금필 장군을 찾는 것은 그리 어렵지 않았다. 섬 마을 사람들은 유금필 장군을 잘 알고 있었던 것이다. 게다가 서로 유금필 장군이 어디에 있는지 데려다 주겠다고 나서기까지 했다.

섬 마을 사람들이 데려간 곳은 개펄이었다. 개펄에서는 사내들이 뛰었다 굴렀다 하며 군사 훈련을 하고 있었다. 또 다른 곳에서는 활 쏘는 연습을 하고 있었다.

"자, 다음!"

유금필 장군은 그들 가운데 서서 큰 소리로 명령을 하고 있었다.

왕건을 따라온 대신 가운데 한 사람인 박술희 장군이 놀란 얼굴로 말했다.

"아니, 보아하니 저건 틀림없이 군사 훈련인데, 대체 이곳에서 웬 군사 훈련을 하는 거지?"

"무슨 까닭이 있겠지요. 어디 한번 지켜봅시다."

왕건도 속으로 궁금하긴 했지만, 그냥 참고 기다려 보기로 했다. 웅성거리는 소리를 듣고 그제야 유금필 장군은 왕건 일행이 찾아온 것을 알아차렸다. 그는 깜짝 놀라 한걸음에 왕건 앞으로 달려와 죄인처럼 무릎을 꿇고 절을 올렸다.

"폐하, 어찌 이 험한 곳까지……."

왕건은 무릎을 꿇고 고개를 숙인 채 엎드려 있는 유금필 장군을 일으켜 세우며 말했다.

"그때 장군의 말을 들었어야 했소. 내가 생각을 잘못한 탓에 자그마치 오천의 군사들을 죽음으로 몰아넣었던 것이오. 게다가 고려의 자랑인 수군 기지마저 적한테 쑥대밭이 되고 말았소. 잘못을 한 사람은 짐이거늘, 어찌 장군이 귀양살이를 하고 있단 말이오?"

"폐하, 전쟁에서는 질 때도 있고 이길 때도 있는 법입니다. 어찌 모든 걸 폐하의 잘못이라고 하십니까? 마지막에 웃는 자야말로 진정한 승자인 것입니다. 그러니 힘을 내십시오. 폐하께서 이끌어 주신다면 소장은 목숨을 걸고 따르겠습니다."

그러자 왕건은 유금필 장군을 꼭 끌어안으며 다시 한 번 싸울 뜻을 굳게 다졌다. 두 사람을 바라보는 대신들의 얼굴에도 흐뭇한 웃음이 가득했다.

그런데 박술희 장군은 못내 의심스럽다는 듯 유금필 장군한테 퉁명스럽게 말을 걸었다.

"그런데 장군, 궁금한 게 있소. 지금 여기서 군사 훈련을 하고 있는 까닭이 무엇이오? 그리고 포구에 고려 군함 서너 척이 있던데 그것은 또 어찌 된 일이오?"

유금필 장군은 지그시 웃으며 말했다.

"박술희 장군, 지금 나를 의심하는 것이오?"

"누가 그렇다고 했소? 그런 건 아니지만 그래도 좀 이상하지 않소."

"그럴 만도 하겠군요. 내 속 시원하게 말씀드리리다."

그 까닭은 이랬다. 유금필 장군이 오기 전까지 백령도에는 해적들이 자주 나타나 섬마을 사람들을 괴롭혔다. 어부들은 해적들의 습격이 두려워 고기를 잡으러 바다에 나가는 것조차 주저했다. 마침내 해적들은 바닷가의 마을로 쳐들어와 곡식을 빼앗고 여자와 어린아이들마저 억지로 데려갔다. 그 바람에 섬사람들은 해적들 때문에 하루도 마음 편할 날이 없었다.

그럴 즈음에 유금필 장군이 백령도에 온 것이다. 그는 마을 사람들과 힘을 모아 해적을 쫓아내는 데 힘을 썼다. 그는 먼저 마을에서 가장 큰 고기잡이배를 골라 군함으로 바꾸는 일을 했다. 또 섬사람들한테 방패와 창을 만들게 한 뒤 그것을 배 난간에 빈틈없이 붙여 놓아 적이 공격해 오더라도 끄떡없게 했다. 포구에 있던 군함이 바로 그것이었다. 마을을 치러 온 해적들은 포구에 대 놓은 군함을 보고 지레 겁을 먹고 달아났다. 그렇지만 또다시 해적들이 쳐들어올지 몰라 유금필 장군은 젊은 사내들을 모아 놓고 군사 훈련을 시키고 있었던 것이다.

"아, 이제야 그 까닭을 잘 알겠군요."

이야기를 다 듣고 난 박술희 장군이 머쓱해하며 말했다.

"유금필 장군, 정말 고맙소. 장군이 고려의 수군을 다시 살려 냈다오. 하하하."

옆에서 두 사람의 얘기를 가만히 듣고 있던 왕건이 기쁜 얼굴로 유금필 장군을 칭찬했다.

"폐하, 그게 무슨 말씀이신지……."

왕건의 뜬금없는 말에 유금필 장군이 어리둥절한 얼굴로 말했다.

"그건 다름이 아니라 유금필 장군이 이곳 백령도에서 한 일을 그대로 따라만 하면 된단 말이오. 짐이 몸소 방방곡곡의 어촌 마을을 찾아다니며 배 주인들한테 부탁하여 큰 고기잡이배들을 얻어 낼 것이오. 그런 다음 그 배들을 군함으로 다시 만들고, 또 어부들을 모아 군사 훈련을 시킬 것이오. 그렇게 해서 고려 수군을 다시 일으켜 세우겠다는 말이오. 이제야 내 말 뜻을 알겠소?"

왕건의 말을 듣고 난 유금필 장군과 대신들은 그제야 무릎을 치며 고개를 끄덕였다.

왕건은 백령도에서 돌아오자마자 곧바로 방방곡곡의 어촌을 돌아다니며 배 주인들을 만났다. 왕이 몸소 찾아와서 깍듯이 부탁하자 배 주인들은 기꺼이 배를 내 주었다. 그렇게 해서 거의 수백 척의 배들이 조선소가 있는 전북 부안 곰소 마을로 속속 모여 들었다.

역사스페셜박물관

유금필 장군 사당

충남 부여군 성흥산성에 있는 유금필 장군 사당이에요. 유금필 장군은 왕건을 도와 후백제를 무너뜨리는 데 큰 공을 세운 분이지요. 그는 공산 전투에서 져 큰 위기에 몰린 고려를 다시 일으키려고 어부들을 모아 군함을 만들고, 또 그들을 수군으로 훈련시켜 마침내 후백제군의 함대와 맞서 싸워 크게 이깁니다. 그는 마음씨도 따듯해 적한테까지도 자비를 베풀어 후백제 사람들은 그의 은혜와 덕을 기려 사당을 짓고 제사를 지냈다고 합니다.(시몽포토)

고려 수군은 내 손에 있지!

곰소 마을

전북 부안군 곰소 마을은 옛날부터 배를 만드는 데 아주 좋은 조건을 갖췄다고 해요. 마을 앞으로 끝없이 펼쳐져 있는 개펄은 바닥에 통나무로 기다랗게 바탕을 깔고 배를 만들기에 안성맞춤이었지요. 나중에 배가 만들어지면 배를 통나무 위로 굴리듯이 밀어서 바다로 옮겼다고 해요. 또 마을 뒷산에는 아름드리 소나무가 하늘 높이 빽빽이 뻗어 있어 배를 만드는 조선소를 두기에 더할 나위 없었지요. 고려의 무적함대 군함은 바로 이곳에서 만들어졌다고 해요.(시몽포토)

고려 수군을 다시 일으키다

전북 부안 곰소 마을은 하늘 높이 아름드리 소나무가 빽빽하게 우거진 바닷가 마을이다. 여느 때 같으면 고기잡이배를 만드느라 나무를 베고 다듬는 일로 한창 바쁠 때이다.

하지만 지금은 방방곡곡에서 쉴 새 없이 들어오는 고기잡이배들을 군함으로 다시 만드느라 조선소의 일꾼들은 눈코 뜰 새 없었다. 일꾼들은 갑자기 늘어난 일 탓에 불평을 늘어놓기 일쑤였다.

"우리 임금님은 정말 재주도 좋으셔. 한 달도 채 안 돼 이 많은 배들을 어디서 다 구했는지 몰라."

"그러게 말일세. 덕분에 우리만 죽어나는구먼."

"여보게들, 저기 또 배가 들어오고 있네. 그런데 저 배는 여느 배와 달리 배가 아주 크고 사람들도 많이 타고 있어."

한 일꾼이 포구로 다가오는 배를 가리키며 말했다.

그 배에 타고 있던 사람들은 다름 아닌 왕건과 그를 호위하는 군사들이었다.

"아니, 임금님이시잖아? 이 멀고 먼 곳까지 어쩐 일로 오신 거지?"

왕건이 다가오자 좀 전까지 불평을 늘어놓던 일꾼들은 언제 그랬냐는 듯 너나없이 엎드려 절을 했다.

"여러분, 얼마나 고생이 많으시오? 이렇게 죽도록 고생을 시켜서 면목이 없소이다. 하지만 고려 수군이 다시 일어설 수 있는 길은 오직 여러분의 손에 달려 있소. 그러니 힘이 들더라도 부디 온 힘을 다해 주기 바라오."

왕건한테는 사람의 마음을 사로잡는 힘이 있었다. 마음을 열어 놓고 진심을 다해 얘기를 하자 일꾼들의 불평은 어느새 눈 녹듯 사라졌다. 오히려 마음 깊은 곳에서 뜨거운 힘이 불타올랐다.

"그리고 여러분한테 한 가지 의논할 일이 있소."

왕건은 호위 군사들한테 배에 싣고 온 커다란 무언가를 일꾼들 앞에 내려놓으라고 했다.

"이것은 무쇠 뿔이오. 더 힘센 군함이 될 순 없을까 생각하다가 만든 것인데, 이것을 배 앞 아래쪽에 달 생각이오. 배가 바다에 떠 있으면 이 무쇠 뿔이 달린 곳은 바닷물에 잠겨서 안 보이게 말이오. 그래서 전투 때 적의 배에 일부러 가까이 다가가 부딪쳐서 구멍을 내고는 가라앉게 하려는 것이지요."

일꾼들은 저마다 좋은 생각이라며 맞장구를 쳤다.

"그런데 문제가 하나 있소. 무쇠 뿔이 무거워 이걸 배에 달면 배가 앞쪽으로 기울어 가라앉을 수가 있다는 것이오. 처음부터 그 점을 생각해서 군함을 만들었다면 아무 문제가 없었을 텐데, 있던 배들을 갖고 다시 만들려다 보니 이런 문제가 있소. 하지만 이 무쇠 뿔을 전투에 꼭 쓰고 싶은데, 무슨 좋은 방법이 없겠소?"

왕건이 몹시 애가 탄 얼굴로 물었지만, 아무도 선뜻 말문을 여는 사람이 없었다. 그러자 왕건의 얼굴도 금세 어두워졌다.

"흐음, 아무래도 지금 바로 좋은 방법을 생각해 내기란 쉽지 않은 것 같구려."

바로 그때 조선소에서 오랫동안 배를 만들어 온 한 일꾼이 불쑥 나서며 말했다.

"폐하, 문득 아주 좋은 생각이 났습니다."

왕건은 기대에 찬 얼굴로 재촉하듯 말했다.

"그래요? 어서 말해 보시오!"

그러자 그 일꾼은 자신의 생각을 털어놓았다.

"배 밑바닥에 무거운 돌을 채워서 균형을 맞춰 주면, 배가 한쪽으로 기울지 않고 중심을 잡을 수 있지 않을까 싶습니다."

"아니, 그냥 돌만 있으면 된단 말이오? 그렇다면 머뭇거릴 것 없이 지금 바로 한번 해 봅시다."

그리하여 군함 앞쪽 아래에 무쇠 뿔을 달고 배 안에다가는 무거운 돌을 채워 넣어 균형을 맞춘 다음 조심스럽게 배를 바다에 띄웠다. 그러자 배는 보란 듯이 바다 위에 떠 있었다.

"우아, 성공이다!"

마음을 졸이며 지켜보던 왕건과 일꾼들은 기쁨에 겨워 소리를 질렀다. 왕건은 백만 대군이라도 얻은 듯 가슴이 뛰었다.

바로 그때 후백제의 수도 완산에서는 조정 회의가 열리고 있었다.

"이제 병사들도 웬만큼 쉬었으니 다시 고려를 치러 가겠다."

그동안 거듭된 승리로 후백제군의 사기는 어느 때보다 높았지만 거꾸로 몸은 지칠 대로 지쳐 있었다. 견훤은 이럴 때 자칫 무리해서 적한테 빌미를 줄 것이 아니라, 병사들을 충분히 쉬게 한 뒤 다시 싸우는 게 낫겠다고 생각했다. 이처럼 견훤은 병사들을 거침없이 몰아붙이다가도 때로는 누구보다도 병사들을 아끼고 소중히 여겼다. 그러니 병사들이 견훤을 믿고 따르지 않을 수 없었던 것이다.

곧바로 후백제군은 고려와 싸울 모든 준비를 착실히 해 나갔다. 견훤은 이번 전투는 해전으로 끝장을 볼 생각이었다. 지난번 공격으로 고려 수군의 힘이 크게 약해졌다고 여겼기 때문이다. 드디어 싸움에 나가는 날이 다가왔다.

"이번에야말로 고려의 숨통을 끊을 수 있는 절호의 기회다. 우리는 이번 전투에서 반드시 승리하여 삼국 통일의 꿈을 이루고야 말 것이다.

자, 병사들은 나를 따르라!"

"와! 와!"

견훤이 소리 높여 외치자 후백제군은 모두 뜨거운 함성을 질렀다. 싸움에 나갈 수백 척의 후백제 함대가 나주 앞바다를 가득 메웠다. 견훤은 의기양양하여 고려의 두 번째 수군 기지가 있는 충남 당진 앞바다로 함대를 이끌어 갔다. 바다는 더없이 잔잔하고 고요했다. 후백제의 함대가 당진 앞바다에 들어섰는데도 고려군은 개미 새끼 한 마리 얼씬거리지 않았다.

"으하하하. 고려군이 지레 겁을 먹고 모두 달아난 모양이군. 자, 서둘러 배를 포구에 갖다 대고 나서 물밀듯이 쳐들어가자."

견훤의 명령에 따라 후백제의 함대가 빠르게 포구로 다가갔다. 그런데 뜻밖의 일이 벌어졌다. 몰래 숨어 있던 수백 척의 고려 함대가 갑자기 모습을 드러낸 것이다. 곧이어 맨 앞줄에 있던 고려 군함들이 후백제의 배들을 쏜살같이 쫓아가더니 뒤꽁무니를 처박고는 잽싸게 달아나 버렸다. 고려군의 느닷없는 모습에 후백제 군사들은 어안이 벙벙했다. 바로 그때였다.

"아앗, 배 밑이 뚫렸다. 배에 바닷물이 들어오고 있다. 아악!"

무쇠 뿔을 단 고려 군함들이 비로소 제구실을 한 것이다. 고려 군함과 부딪힌 후백제의 배들은 힘 한번 재대로 못 써 보고 바다 속으로 가라앉았다. 왕건은 이때를 안 놓치고 불화살을 퍼부었다.

그러자 금세 후백제의 배들은 온통 불길에 휩싸였다. 곧이어 여기저기서 비명이 터져 나왔다. 그야말로 아비규환이었다. 맨 앞에 있던 견훤이 탄 배는 가까스로 포구에 배를 갖다 대고는 걸음아 날 살려라 하고 정신없이 뭍으로 달아났다.

역사스페셜박물관

몽고래습회사(蒙古來襲繪詞)
이 그림은 고려와 몽골 연합군에 맞서 싸웠던 한 일본 무사의 활약상을 큰 줄거리로 삼고 있어요. 이 그림에 나오는 군사들의 갑옷이나 무기 그리고 배를 통해 우리는 칠백 년 전 그때의 모습을 엿볼 수 있어요. 1281년 여·몽 연합군 2차 원정 때는 고려에서 만든 배가 900척이나 동원됐다고 해요. 하지만 이때 연합군은 일본 앞바다에서 가미가재라고 하는 태풍을 만나는 바람에 패하고 말지요. 이 그림에서도 방패가 달린 고려의 배를 볼 수 있어요.(일본 궁내청 소장)

고려의 배는 어떻게 만들었을까요?
먼저 뗏목처럼 통나무를 이어 붙여 바닥을 만들어요. 바닥이 평평하다고 해서 평저선이라고도 하지요. 배의 앞뒷면 또한 평평하게 막는 것이 두드러진 특징이에요. 옆면은 두꺼운 판자 일곱 쪽을 대서 튼튼하게 세우고, 배 안쪽엔 가로막을 대서 배의 뼈대를 유지해요. 돛대는 앞뒤 두 개를 세우고, 그런 다음 판자로 갑판을 씌워 배를 완성해요. 고려 군함인 과선(戈船)은 여기에다가 창과 방패를 배 난간에 쭉 달아 놓아요. 왕건은 더 나아가 배 아래쪽에다 무쇠 뿔을 달기도 했지요.

완사천
전남 나주시에 있는 완사천은 왕건과 장화 왕후가 처음 만났던 곳이라고 전해져 와요. 하루는 목이 마른 왕건이 샘터에 있던 처녀한테 물을 청했더니, 처녀는 버드나무 잎을 띄워 물을 건넸다고 해요. 이렇게 두 사람은 여기서 처음 만나 서로 사랑을 속삭였다고 해요. 장화 왕후는 왕건의 뒤를 이어 왕의 자리에 오른 혜종의 어머니이기도 하지요. 왕건한테 나주는 두 번째 고향이라고 할 만큼 뜻깊은 곳이었어요.(시몽포토)

● 고려 군함 이야기가 나오는 역사 기록들

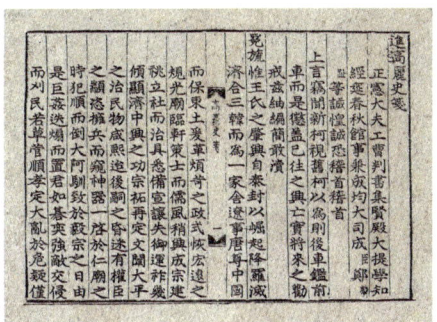

《고려사》 - 고려의 역사책

- "중국식으로 만들면 노력과 비용이 많이 들고 시간이 많이 걸린다. 먼저 전라도에 가서 우리 식으로 배를 만들어야겠다." - 일본 원정 전에 배를 만드는 책임자였던 김방경의 말
- 큰 배인 대선(大船)과 창이 달린 과선(戈船)을 만들었는데, 이것은 모두 군함이었다.
- 태조 왕건의 명령으로 군함 가운데서 가장 큰 대선을 만들었다. 배 길이가 각방 16보, 요즘으로 치면 35미터가 넘고, 무게는 250~280톤에 이른다고 한다. 배가 완성되자 사람들은 배 위에서 말을 달릴 만했다고 한다.

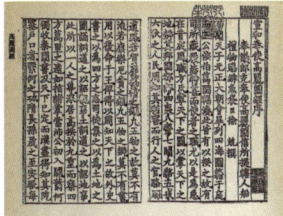

《고려도경》 - 송나라 서긍의 기행문

- 1123년 송나라 상인 서긍이 고려에 와서 본 고려의 배는 모두 네 가지였다. 순찰용 배인 순선(巡船), 오늘날의 행정 지도선에 해당하는 관선(官船), 묵은 소나무로 튼튼하게 만든 커다란 송방(松舫), 갑판 위에 장막으로 커다란 방을 만든 막선(幕船)이 그것이었다.

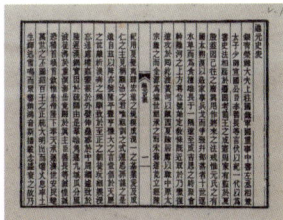

《원사》 - 몽골의 역사책

- 고려는 3만 5천 명을 동원하여 겨우 4개월 만에 900척의 배를 만들었다. 대선 300척, 중형선 300척, 보급선 300척이었다.
- 일본 원정에서 원나라 배는 모두 돌풍에 깨졌으나, 고려의 배는 거의 무사했다.

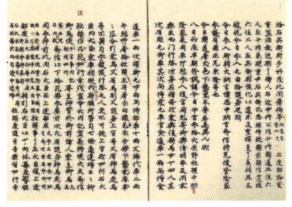

《소우기》 - 일본의 역사책

- 고려의 군함은 배 앞면에 철로 뿔을 만들어 적의 배를 맞받아 부수게 돼 있었다.
- 고려 군함은 돌에 화약을 넣어서 적의 배를 부수었다.

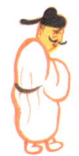

고려 배가 장난이 아냐!

마침내 삼국을 통일하다

예순아홉이라는 나이답지 않게 정정했던 견훤은 고려와의 싸움에서 크게 진 뒤로 몰라보게 늙어 버렸다. 견훤 스스로도 자신이 부쩍 늙고 지쳤다는 것을 느끼고 있었다.

'이제 내 시대도 지나가고 있구나. 그렇지만 후백제가 삼국 통일의 꿈을 이루는 것은 보고 죽어야 할 텐데.'

견훤은 이제 자기 힘으로 삼국 통일을 이루기는 어렵다고 생각했다. 그래서 자신을 대신해 아들들이 그 꿈을 이뤄 주길 바랐다. 여러 아들 가운데 귀빈한테서 난 넷째 아들 금강은 용감하고 슬기로워 견훤이 가장 아꼈다. 어느 날 견훤은 넷째 아들 금강을 불렀다.

"금강아, 네가 이 아비의 꿈을 이루어 줄 수 있겠느냐?"

"아바마마, 어찌 그런 말씀을……. 하지만 아바마마께서 바라시는 일이라면 제가 뭔들 못하겠습니까?"

두 사람이 나누는 이야기를 엿들은 견훤의 둘째와 셋째 아들은 곧장 맏이인 신검한테로 달려갔다.

"형님, 큰일 났어요. 아바마마가 왕의 자리를 금강한테 넘겨주려나 봐요. 이대로 가만있다간 형님께서 금강한테 왕의 자리를 빼앗기게 생겼어요. 이 일을 어쩌면 좋단 말입니까?"

"뭣이?"

신검은 그 말을 듣자마자 화가 머리끝까지 났다. 그래서 그길로 아우들과 함께 반란을 일으켜 동생 금강을 죽이고 아버지 견훤은 붙잡아 금산사에 가두어 버렸다. 너무나 어처구니없는 일을 겪은 터라 금산사에 갇힌 견훤은 분하고 억울해 견딜 수가 없었다. 무엇보다 못난 아들들이 자기가 평생을 바쳐 세운 나라를 말아먹을 생각을 하니 가슴이 찢어질 듯 아팠다.

얼마 뒤 왕건은 그 일을 속속들이 전해 듣고 소스라치게 놀랐다. 또한 그처럼 못된 아들들을 둔 견훤이 불쌍하다는 생각마저 들었다. 하지만 그런 생각도 잠깐이었다. 지금이야말로 후백제를 무너뜨릴 절호의 기회였던 것이다.

"이제 우리는 지난날 견훤한테 빼앗긴 나주를 다시 찾을 것이오!"

나주는 후백제한테는 더없이 중요한 지역이었다. 영산강을 거쳐 바닷길로 바로 나아갈 수 있는 곳이어서 적을 공격할 때도 또는 적의 공격을 막을 때도 아주 중요한 구실을 하기 때문이다.

왕건은 이번 전투의 지휘를 유금필 장군한테 맡겼다. 예성강 어귀에는 전투에 나갈 고려 군함들이 보란 듯이 쭉 늘어서 있었다. 그 가운데 가장 눈길을 끈 것은 왕건의 명령으로 새로 만든 군함이었다. 구경 나온 백성들은 그 군함을 보고는 입을 다물지 못했다.

"아니, 어떻게 배가 저렇게 클 수가 있어?"

"저것 좀 봐! 배에 말들도 잔뜩 실려 있네그려. 허허."

"배가 너무 커서 배 위에서 말을 달려도 되겠구먼. 하하하."

　백성들의 뜨거운 배웅을 받으며 나주로 떠난 고려 함대는 반나절도 안 걸려 나주로 들어가는 영산강 어귀에 모습을 드러냈다.

후백제군은 산더미만 한 군함을 앞세워 쳐들어오는 고려 함대를 보자 혼비백산하여 달아나기 바빴다. 그 바람에 유금필 장군이 이끄는 고려 수군은 손쉽게 나주를 빼앗았다.

그뿐이 아니었다. 유금필 장군은 그길로 금산사에 갇혀 있던 견훤을 빼내 고려로 데려갔다. 그것은 견훤이 바란 일이기도 했다. 후백제 임금 견훤을 데려오자 고려 백성들은 마치 삼국 통일을 다 이룬 것처럼 기뻐했다. 왕건과 고려의 대신들도 기쁘긴 마찬가지였다. 왕건은 견훤을 따듯하게 맞이했다.

"오늘부터 저는 견훤 폐하를 아버지로 모시겠습니다. 부디 삼국 통일을 이룰 수 있게 도와주십시오."

견훤은 그런 왕건의 사람 됨됨이에 금세 흠뻑 빠졌다.

"친아들한테 내쳐진 못난 늙은이가 어찌 왕건 폐하한테 아버지 대접을 받을 수 있겠소? 이 늙은이가 내 발로 고려를 찾은 것은 따로 부탁이 있었기 때문이오."

"무슨 부탁이든 괜찮으니 어서 말씀해 보십시오."

"난 고려가 피를 보지 않고 삼국 통일을 하기를 바라오. 그러려면 이 늙은이가 고려군을 이끌고 후백제로 가게 해 주시오. 그러면 내가 후백제군을 만나 잘 타일러 보겠소. 그 대신 폐하께서 후백제 군사들을 결코 해치지 않겠다고 약속해 주시오. 그리고 삼국 통일을 이룬 뒤에도 후백제 백성들을 고려 백성들과 똑같이 대해 주기 바라오."

백성을 아끼고 생각하는 견훤의 마음을 헤아린 왕건은 견훤의 뜻대로 하기로 굳게 약속했다.

견훤이 고려에 투항했다는 소식에 후백제 백성들은 큰 충격에 빠졌다. 이 소식은 곧바로 신라에도 전해져 더는 나라를 이끌고 갈 자신이 없었던 경순왕은 나라를 고려에 바쳤다. 왕건은 피 한 방울 묻히지 않고 신라를 손에 넣었다.

이제 후백제의 항복만 받아 내면 왕건은 삼국 통일의 꿈을 이룰 수 있게 되었다. 왕건은 견훤을 앞세워 거침없이 후백제로 쳐들어갔다. 자기가 세운 나라를 치러 가는 견훤의 마음은 말 그대로 찢어질 듯 아팠다. 하지만 지금으로선 그것만이 아무 죄 없는 후백제 백성들을 살리는 길이었다. 후백제군은 고려군을 이끌고 온 견훤을 보자 어찌할 바를 몰랐다. 견훤은 그런 후백제군을 바라보며 큰 소리로 외쳤다.

"신검은 나라를 다스릴 재목이 못 된다. 그는 오히려 백성들한테 크나큰 아픔만 안겨 줄 것이다. 짐은 차마 그 꼴을 두고 볼 수가 없었다. 그래서 부득이 그릇이 큰 왕건한테 짐의 백성을 맡기고자 한다. 그대들은 두려워 말고 내 뜻을 따르라!"

견훤이 말을 마치자마자 후백제 군사들은 모두 무기를 버리고 견훤 앞에 엎드려 크게 소리쳐 울었다.

"폐하, 우리 후백제가 정말로 이렇게 어이없이 무너져야 하는 것입니까? 흑흑흑."

이를 지켜보는 견훤의 마음은 천 갈래 만 갈래로 찢어지는 듯했다.

바로 그때 왕건은 일찌감치 달아난 신검을 뒤쫓고 있었다. 부하 군사들은 뿔뿔이 흩어지고 더는 달아날 데가 없어진 신검은 목숨이라도 구걸해 볼까 하고 제 발로 왕건을 찾았다. 하지만 왕건은 신검이 저지른 잘못을 그냥 넘길 수 없어 끝내 목숨을 앗았다.

아들의 죽음 탓인지 아니면 자기가 손수 세운 후백제가 무너진 탓인지 견훤은 하염없이 눈물을 흘리다 힘없이 쓰러져 곧 숨을 거두고 말았다. 한 시대를 주름잡았던 영웅호걸 견훤은 그렇게 쓸쓸히 삶을 마감했다. 왕건은 그런 견훤의 장례를 화려하게 치러 주었다.

무적함대를 이끌고 마침내 삼국을 통일한 왕건. 그는 견훤과 맺은 약속대로 신라와 후백제 사람들을 고려 백성들과 똑같이 온 마음을 다해 다스렸다.

이제 끝 모를 전쟁이 막을 내리고 온 세상엔 평화가 찾아왔다. 비로소 왕건은 깊은 잠을 이룰 수 있었다. 꿈속에 나타난 신숭겸 장군은 왕건을 바라보며 환한 웃음을 지었다. 잠자는 왕건의 얼굴에도 해맑은 웃음이 살며시 번졌다.

역사스페셜박물관

금산사
전북 김제시 금산면에 있는 금산사는 견훤한테 씻을 수 없는 아픔이 서린 곳입니다. 견훤은 평상시 믿음이 컸던 넷째 아들 금강한테 왕의 자리를 물려주려 하자, 맏아들 신검은 금강을 죽이고 아버지인 견훤을 이곳 금산사에 가두어 버립니다. 견훤은 감시가 소홀한 틈을 타 이곳에서 달아나 고려에 투항합니다. 왕의 자리를 놓고 형제끼리 피를 흘리게 되면서 후백제는 마침내 역사 속으로 사라지고 맙니다. (시몽포토)

고려의 청동 거울
고려 시대 청동 제품은 중요한 교역품 가운데 하나입니다. 이 거울 뒤에는 바다를 항해하는 배 무늬가 새겨져 있어요. 왜 거울 뒷면에다 배 그림을 그려 넣었을까요? 그것은 고려가 그만큼 해상 무역이 활발했다는 걸 상징으로 말해 주는 것이지요. (국립청주박물관)

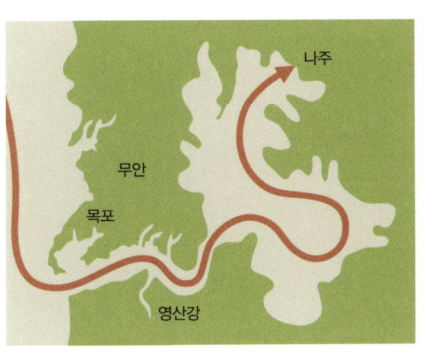

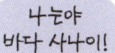

나주 상륙 작전
왕건은 궁예의 부하로 있던 909년, 수군을 이끌고 후백제 지역인 나주를 공격하여 승리를 거둡니다. 왕건은 이때 물길을 이용했는데, 그 물길은 영산강이었어요. 수군을 이끌고 목포로 온 왕건은 영산강을 거슬러 나주로 올라갔습니다. 영산강의 내해에서 견훤의 수군과 맞닥뜨리지만, 해전에 뛰어난 왕건은 화공 전법으로 승승장구하여 마침내 나주를 차지하지요. 나주 상륙 작전에 성공한 왕건은 후백제의 공격에 대비해 이곳에다 군대를 주둔시킵니다. 이 해전에서의 승리는 나중에 왕건이 궁예를 물리치고 권력을 손에 쥐게 되는 밑바탕이 되지요.

누가 속삭여 주었을까?

"눈을 떠, 어서! 정신을 잃으면 안 돼!"

누군가 속삭이는 소리에 나는 눈을 떴다. 동무들은 모두 정신을 잃은 채 널브러져 있었다. 아직도 세찬 비바람이 고무보트를 내리치고 있었다.

"아뿔싸!"

나는 고무보트 안으로 물이 스며들고 있다는 것을 알아차리고는 벌떡 일어났다.

"얘들아, 정신 차례! 고무보트가 가라앉겠어. 어서 눈을 떠!"

그렇게 잇따라 흔들어 대자 천천히 하나 둘씩 깨어났다. 깨어난 동무들도 깜짝 놀라긴 마찬가지였다.

"호랑이한테 물려 가도 정신만 차리면 산댔어. 그러니까 정신 바짝 차리고 먼저 고무보트 속에 있는 물부터 퍼내자."

그런데 막상 물을 퍼내려고 보니 아무런 도구가 없었다. 모두 어찌할 바를 몰라 서성이자 수진이가 나서며 말했다.

"손이 있잖아. 손으로 물을 퍼내면 돼. 이렇게 말이야."

수진이가 먼저 손으로 물을 퍼내자, 그제야 둘레에 서 있던 아이들도 다 같이 고무보트 안의 물을 정신없이 손으로 퍼냈다. 여럿이 힘을 모아 땀을 흘린 덕분인지 배는 쉽사리 가라앉지 않고 그대로 바다에 떠 있었다.

"야, 이제 이만하면 걱정하지 않아도 되겠는걸."

나는 숨을 헐떡이며 말했다. 그러는 사이 비바람은 잠잠해졌고, 어느새 우리 고무보트 옆으로 왕건 깃발을 단 배가 다가왔다. 구조선이었다. 구조선에 타고 있는 해양 경찰들 속에 우리 교관이 보였다. 교관은 걱정스러운 얼굴로 말했다.

"얘들아, 다들 괜찮아? 어디 다친 사람은 없어?"

우리는 다 함께 큰소리로 외쳤다.

"악!"

"녀석들, 그래도 구령은 안 잊었군. 허허허."

그제야 교관의 얼굴이 활짝 펴졌다.

"갑자기 날씨가 나빠져 고무보트 훈련을 멈춘다고 그렇게 외쳤는데, 그것도 모르고 정신없이 바다로 노 저어 나가더니……. 너희 모두 숙소로 돌아가면 얼차려야."

"에이, 한 번만 봐 주세요. 네?"

구조선에 옮겨 타고 숙소로 돌아가면서 우리는 교관한테 마구 떼를 썼다. 교관은 그냥 지그시 웃기만 했다. 내 생각에 왠지 이번에는 벌을 안 받을 것 같았다.

'그런데 아까 정신을 잃고 있을 때 내게 정신 차리라고 속삭인 사람은 누구였을까?'

나는 정말 궁금했다.

왕건, 해상왕국의 꿈을 이루다!

고려 태조 왕건은 나누어진 나라를 하나로 통일하고, 해상왕국 고려의 신화를 열어 나간 자랑스러운 임금입니다. 태조 왕건이 세운 천 년 전 해상왕국 고려의 모습은 과연 어떠했을까요?

태조 왕건의 조상들은 해상 무역으로 많은 재산을 모은 해상 호족 세력이었습니다. 그런 집안에서 자란 왕건은 바닷길을 아주 잘 다스릴 줄 알았습니다. 왕건은 고려를 세운 뒤 수도를 개경에다 정했는데요, 개경은 바로 해상 호족 출신인 왕건의 본고장이자 해상 무역의 중심지였습니다. 그 뒤로 개경은 국제 무역 도시로 자리 잡아 갑니다.

송나라 사신 서긍이 고려에 와서 보고 들은 것을 적은 책인 《고려도경》에는 개경을 아주 자세히 그려 놓고 있습니다. 이 책에 보면 개경에는 외국 상인들이나 여행객들이 머무는 숙소인 객관이 많았다고 합니다. 나라마다 객관이 따로 있었는데요, 객관의 크기가 궁궐만 했다고 나옵니다. 이는 그만큼 이곳에서 국제 무역이 활발했다는 증거이기도 합니다.

그렇다면 그때 외국 상인들은 어디를 거쳐 개경으로 들어왔을까요? 예성강 하구에 자리한 벽란도는 수도인 개경에서 매우 가깝고, 또 물이 깊어 배가 자유로이 드나들 수 있는 곳이었습니다. 그래서 여러 나라의 상인들은 배를 타고 예성강 하구에 있는 벽란도로 몰려왔습니다.

그에 따라 벽란도는 국제 무역항으로 날로 발전해 갔습니다. 기록에 따르면 그 무렵 고려는 대식국, 마팔국, 섬라곡국, 교지국과 활발한 교역을 벌였다고 합니다.

　대식국은 지금의 아라비아, 마팔국은 인도 반도에 자리한 나라, 섬라곡국은 태국, 교지국은 베트남 지역을 이릅니다.
　고려의 이름난 시인 이규보는 벽란도의 누각 위에서 예성강을 바라보며 이런 시를 읊었습니다.

　　　　물결은 밀려왔다 다시 밀려가고,
　　　　오가는 뱃머리 서로 잇대었네.
　　　　아침에 이 누각 밑을 떠나가면,
　　　　한낮이 못 되어 남만에 이를 것이다.

　여기서 남만은 동남아시아를 이릅니다. 이처럼 고려는 건국 초부터 바다를 통한 해양 무역이 활발히 이루어진 나라였습니다. 고려는 바닷길로 동북 지역인 일본과 중국 그리고 남부 지역인 동남아시아까지 누비고 다녔습니다. 코리아란 이름으로 외국에 알려진 것도 아마 이때쯤이었을 것입니다.
　바다를 통해 재물을 모으고 나라의 힘을 뻗어 나간 해상왕국, 고려! 그것은 곧 태조 왕건의 꿈이기도 했습니다.

역사 스페셜 작가들이 쓴 이야기 한국사 23
해상왕국 고려를 세운 왕건과 무적함대

글 최향미 | 그림 양정아

초판 1쇄 펴낸날 2008년 8월 25일 | **초판 13쇄 펴낸날** 2020년 11월 25일
펴낸이 조은희 | **편집장** 한해숙 | **기획·편집** 네사람
디자인책임 하늘·민 | **디자인** 최성수, 이이환 | **사진진행** 시몽포토에이전시
마케팅 박영준 | **온라인 마케팅** 정보영 | **경영지원** 김효순 | **제작** 정영조, 강명주
펴낸곳 ㈜한솔수북 | **출판 등록** 제 2013-000276호 | **주소** 03996 서울시 마포구 월드컵로 96 영훈빌딩 5층
전화 02-2001-5823(편집), 02-2001-5828(영업) | **전송** 02-2060-0108 | **전자우편** isoobook@eduhansol.co.kr
블로그 blog.naver.com/hsoobook | **인스타그램** soobook2 | **페이스북** soobook2
ISBN 979-11-7028-485-7 73910 | **ISBN** 979-11-7028-461-1 (세트)

어린이제품안전특별법에 의한 제품 표시
품명 아동 도서 | **사용연령** 만 8세 이상 어린이 제품 | **제조국** 대한민국 | **제조자명** ㈜한솔수북 | **제조년월** 2020년 11월

ⓒ 2008 최향미·네사람·㈜한솔수북

※ 저작권법으로 보호받는 저작물이므로 저작권자의 서명 동의 없이 다른 곳에 옮겨 싣거나 베껴 쓸 수 없으며 전산장치에 저장할 수 없습니다.
※ 값은 뒤표지에 있습니다.

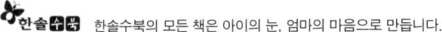